Made in the USA
Monee, IL
22 June 2020

34396264R00075